On s'est fait du mal

On s'est dit des choses et je regrette

Et si on recommençait comme avant

Je voulais
te dire que

je t'aime

oublions

Et recommençons

Réécrivons une belle histoire

Recréons nous de beaux souvenirs

Il est temps

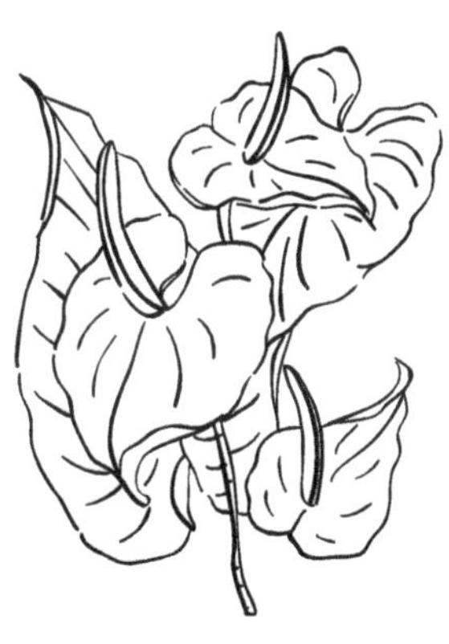

Nous avons tant à vivre ensemble

Nous avons tant à faire ensemble

Que nous n'avons plus le temps d'attendre

Je peux te le dire maintenant

Je t'aime

Et t'aimerai toujours

Je veux te dire merci

Je veux encore te dire

Ma gratitude

et te dire

Encore

Et toujours

Je t'aime

Encore quelques mots

www.ingramcontent.com/pod-product-compliance
Ingram Content Group UK Ltd.
Pitfield, Milton Keynes, MK11 3LW, UK
UKHW022009190726
13853UKWH00004B/1834